너도 웃는 걸 보니 꽃이로구나

시현실
시인선
0 2 6

너도 웃는 걸 보니 꽃이로구나

천윤식 시집

도서출판
예맥

시인의 말

흙은 거짓 없는
한없이 착한 존재입니다

가꾼 만큼 내주는 당신이어서
그래서 좋습니다

아버지가 걷던 두렁길
이제는 내가
걸어갑니다

봄, 여름, 가을, 겨울
때에 따라 변화하지만
허투루 가는 법 없습니다

土深은 변치 않기 때문에
계절이 변해도 변하지 않는
그래서 사랑합니다

나는 오늘도 흙을 밟으며 내 영혼의 모습을 머리에 떠올려 봅니다.

2025년 10월
천윤식

| 차례 |

| 시인의 말 |

제1부
흙을 딛고 서서 생각한다

외국인 근로자 13
추석 선물 14
성벽에 새겨진 이름 석 자 15
소통에 대하여 16
허물과 허물 17
삼잎국화 18
오월 19
어머니 꽃밭 20
논물을 가두다 21
너도 웃는 걸 보니 꽃이로구나 22
농부 23
으름 24
피를 생각한다 25
피논이 주신말씀 26
중간물떼기 27
팔은 안으로 굽지만 28
할아버지의 염려 29
제비집을 보며 30
황금산에서 삼길포까지 31
시집살이 32
외로움 33

제2부
때로는 저절로 눈물이 날 때가 있다

천수만 간척지 37

단기 계약직 38

락앤락 40

허기진 웃음 41

스산 생강 한과 42

어머니의 속내 43

나도 울었습니다 44

콕 뱅킹 46

리듬, 파도 48

세상살이란 49

아버지의 삽 농사 50

인생 52

첫사랑 53

참회록 54

물속에서 우는 모래 55

원점 56

맨드라미 58

고추씨를 뿌리다 59

호랑이 강낭콩 60

환승 62

웅도 64

제3부

다르다는 것에 대하여

바닷물이 짠 이유 *67*
윤작 *68*
봄볕 앞에 펼쳐진 삶 *70*
모래성지 *71*
10월 *72*
늙은 호박 *73*
일본 핵 오염수 방류에 부쳐 *74*
돌아가시다 *76*
어떤 죽음 앞에서 *77*
감태 예찬 *78*
향로 바위 *79*
테이블 러너를 덮은 거울 *80*
틈의 아이러니 *82*
수선화 *84*
감자 심던 날 *86*
다행이다 *87*
벙구나물 *88*
닻개포 *89*
쌀에 대한 소고 *90*
어머니도 젊을 때가 있었다 *92*
내 나이 육십이 되고 보니 *93*
한 해를 보내며 *94*

제4부
소소한 사랑

함께 있어 좋은 사람 *97*
거저는 없다 *98*
진정한 사랑 *99*
내 맘 *100*
구경시장 *101*
헛,이란 *102*
이삭 캐기와 어머니의 웃음 *103*
뒷골목 좌판 *104*
양파 꽁다리 *105*
백제의 미소 *106*
나는 어디로 가야하나 *107*
긍정의 힘 *108*
새판 짜기 *109*
결 베끼다 *110*
황도 당나무 *111*
쌀값이 정말로 비싼가요 *112*
가로림만, 점박이물범 *113*
어떤 면접 *114*
민간인 회생자 *116*
괌 여행길에서 *117*
밥값도 못했다 *118*
가끔은 혼자 여행을 떠나고 싶을 때가 있다 *119*
우리 어머니의 겨울 *120*
어색한 동행 *121*
일탈이 남긴 교훈 *122*

시 해설 *124*

제1부

흙을 딛고 서서 생각한다

외국인 근로자

농사 짓는 일손 부족이 어제, 오늘 일 아니다

수확 철만 되면 심각해지는 일손
외국인 계절 노동자가 대신해 주는데
그마저도 마음대로 고용하기 쉽지 않다

산업현장에서나 일하던 외국인 노동자
밭에서 논에서 흔히 볼 수 있으니
여기가 해외농업현장 같다

외국 일손 아니면 힘 못 쓰는 농사
안전한 먹거리 생산이 가능할지
심히 우려되는 농촌 현실
누렇게 바랜 색
초록으로 바꿀 수 없는가?
청년이 수지맞는 농사로

추석 선물

추석 무렵이면 40여 년 전 있었던 생각이 떠오르곤 한다

누나가 봉제공장에서 한 푼 두 푼씩 모은 돈으로
오리엔트 손목시계를 추석 선물로 사주셨다

보름날 환한 달밤에
밤마실 갔다 시계를 잃어버렸다

오간 데 수차례 찾아봤지만
끝내 찾지 못해 몇 날을 뜬눈으로 밤을 지새웠다

재봉 바늘에 손톱 박음질 당하며
청춘을 박음질한 대가라는 사실
그때는 몰랐다

성벽에 새겨진 이름 석 자

해미읍성에서 축제가 열렸다
프란치스코 교황이 다녀간 후로
방문객이 부쩍 늘어난 축제 날
성벽을 돌다 눈에 띈
밑돌에 새겨진
이름 석 자 읽는 순간
500여 년 성벽을 받힌
힘이라는 걸 알았다

누구나 가진 이름이지만
당당하게 새길 자 몇이나 될까

소통에 대하여

강물은 흘러 소통하고
오가는 사람은 길 위에서 소통한다

강이 막히고 길이 막힌다면 세상이 막히는 것이다

올해 4월 신장과 방광 사이 요석尿石으로 막혔을 때
배는 뒤틀리고 매스껍고
하늘이 빙빙 돌아
중심마저 잃었던 기억을 생각하면
막히는 것은 끔찍한 일이다

길은 뚫어야 하고
물길은 터야 하는 이유다

허물과 허물

세상에 허물없는 게 없다

허물은 쌓이면 싸일수록
벗기기 힘들어져
그때그때 벗기는 게 좋다

혼자서는 잘 벗겨지지 않는 게 허물이다

감자 허물 벗길 때 감자와 감자끼리 비비듯
사람의 허물 역시
맘과 맘을 비벼 벗겨야
내면에 있는 허물까지 벗길 수 있는 법
허물은 감추지 말고 벗겨내는 게 좋다

세상에 허물없는 게 없다

삼잎국화

안마당에 인삼잎 닮은 키다리 국화꽃이 피었다

다년생 식물로 키는 2미터
꽃은 무더위를 이기고 한여름에 피어난다

키 크고 소견 없는 말과는 달리
줄기나 뿌리도 인삼을 닮아
효능 좋은 약성이 있어
봄철에 돋아난 새순
나물로 먹으면 면역력에 좋고
뿌리나 줄기는 차로 마시면
노화 방지 탈모 개선에 효과 있대요
먹으면 건강에 좋고
바라보면 마음이 환해지는 노랑꽃

오월

오늘 하루는 길다
못자리 만들기 하고 나서
읍내장 가서 우물 모터 펌프
수리해서 설치하고
양파밭 농약 주고
양파밭 김매기 했더니 허리가 안 펴지네
근디 뉴스 속보를 보는 순간 허리가 반듯하게 펴지네
정신이 번쩍 드네
아프던 허리 통증이 싹 사라지네
충격파라는 게 신기하긴 하네

울 손자가 엄청 바빴다고 해서
네가 뭐가 바쁘냐 했더니
아침에 일어나서 세수하고
아침 먹고
치카치카 하고
만화 보고 놀다가
밖에 나가서 뛰어놀고
손 씻고 사과 먹고
잠자고
얼마나 바쁜데 한다

살아있음은 모두 바쁘다

어머니 꽃밭

봄볕 내려앉은 담장 밑 꽃밭에 나앉은 구순 노모

마실 길에 동네 친구 할멈들한테
얻어다 심은 꽃밭 잡초를 뽑는 어머니
꽃이 다칠세라 조심조심 풀을 뽑는다

할미꽃은 골말 순이 엄마
수선화는 연화골 사돈어른
분꽃은 아랫말 동갑내기
그리움 남기고 떠나갔지만
젊은 날
환한 얼굴로
해마다 어머니 꽃밭에서 피어난다

논물을 가두다

물꼬 막은 논에 물이 가득 차자
개구리가 용케 알고 찾아와 산란한다

가득 찬 논물만 바라봐도 넉넉함이다

물을 가두는 일은 마음을 모으는 일이다
마음이 모인 물로 모내기하면
마음을 먹고 자란 양식
마을로 찾아가 나눔 하면
물꼬 막으면 논물 고이듯
나눔은 또 다른 나눔이 되어 행복이 넘쳐흐른다

논물은 가두는 일은 예삿일이 아니다

너도 웃는 걸 보니 꽃이로구나

자갈밭 메꽃도
시궁에 핀 수련도
항상 웃는 얼굴이다

산에 살든
들에 살든
모두다 귀한 생
세상 꽃 아닌 게 없다

너도 웃는 걸 보니 꽃이로구나

농부

이랴 저 저 소몰이 소리는 트로트 가사였다

80년대 경운기 소리 디스코 리듬처럼 빠르게 지나갔다

육중한 트랙터 소음 소프라노 조수미가 부르는 오페라 아리아같이 들린다

6월22일 더 매직 조수미&위너스 클래식 공연장 롯데콘서트홀 못 간다

속내야 제각각 끝끝내 지게를 못 벗는 순진한 사람들

으름

자갈밭 덩굴식물에 열매가 열렸다
한여름 뙤약볕 받아 먹고 야무지게 영글어
껍질을 터트려 알몸을 드러낸다

속이 훤하게 드러낸
먹음직한 과일의 나체
얼마나 자신감 넘치면
발가벗은 몸뚱이 당당하게 드러내 보인단 말인가?

누구든 속이 꽉 차면 저절로 당당해지는가 보다

피를 생각한다

피는 어릴 때
모와 구별하기 쉽지 않다
햇살에 핏대는 연한 은빛을 띠지만
고수 아니면 구별도 못 한다

논으로 나와
벼가 자라면서 피도 자라는데
핏대 올린다는 말처럼
툭툭 삐져나온다
모보다 연약했던 피가
어느 순간부터 급격히 가지치기를 한다
그 자리가 억세게 느껴지고
배동받이 때쯤이면 완전히 달라진다
짙은 초록에서 오히려 연초록처럼 변하며
논을 점령해 버린다

살고자 하는 저들의 은폐술에
가끔 나도 놓치기는 하지만
얼마나 갸륵한가 이기려고 하지 않고
살려고만 하는 저 생존 방법론

피논이 주신 말씀

천수답 모내기는 늘 물이 부족하다
하지 물 가두어 간신히 모내기를 해도
물이 절대 부족하여 제초제 효과가 절반도 안나
벼 반 피 반 자라기 일쑤다
거기다 집안 대소사 겹치면 금방 피 논이 된다
어르신들 "피죽도 못 먹었나 피사리도 안 했네" 하며
혀를 차기도 하지만 그 사정 훤하다
한번은 그렇게 어우렁더우렁 이삭 익어갈 때쯤
장마와 태풍이 겹쳐 왔던 적이 있다
들에는 벼가 쓰러져 난리 통인데 피 논만 멀쩡하다
그놈의 피가 벼의 버팀목이 되어준 덕이다
이럴 땐 어르신들도 웃으며 한마디 한다
"게으른 놈도 한몫 약빠른 놈도 한몫"
그래서 잊을 만하면 가끔 생각하게 된다
하늘은 그 사람 마음을 농사짓는다고

중간물떼기

모낸 지 한 달 푸르름 가득한 논

푸르름이 예쁘다고
중간 물떼기 안 하면
헛새끼만 쳐서
보기엔 풍성해 보여도
열매도 못 맺고 고사한다

살찌면 성인병에 약한 것처럼
논에서도 웃자람은
병충해에 약해진다

논바닥 실금이 갈 때까지
물고를 타 놓는 농부의 처방으로
연약하던 벼 대 빳빳해져
배동받이를 지나 무난하게 출수出穗를 한다

생애 주기마다 필요한 처방이 필요한 이유다

팔은 안으로 굽지만

옆자리에서 들은 말이다

올케가 유방암에 치료를 받았는데 또 전이가 일어나 치료 중이다

오빠 얼굴이 새카맣고 머리는 다 빠지고 오빠만 불쌍하다

하지만 누가 알랴 서로 굽어 들어간 부부를

할아버지의 염려

할아버지가 나를 앉혀놓고 지난날 배추 팔러 갔던 이야기를 해주셨다

김장이 모처럼 풍년들어 김장하기는 많아서 시장에다 팔기로 했단다
연화산 신곡神哭재 지나 오사리 열두 줌 방을 넘어 장터까지 족히 30리길 지게를 받힌 지 반나절 지나 해는 중천인데 배추 한 포기 못 팔고 주점 집 안주인에게 사정하여 대포 한 잔 얻어 마시고 배추 열 포기를 내려줬다
집으로 되돌아오는 길 연화산 마루에 올라 지게를 받혀놓고 배춧잎 한 장 뜯어 먹으면서 내려다 본 마을 저녁연기 모락모락 피어오르고 있었다

증조부께서는 할아버지 10살 때 일찍 돌아가셨다
나도 열일곱 살 때 아버지가 돌아가셨다

제비집을 보며

제비는 으레껏
한갓진 곳이 아니라
사람들이 다니는 곳에 집을 짓는다
다른 짐승에 대한 일종에 안전보장인 것 같다

집 짓기 공사는
아무것도 없는 벽면에
본을 뜨듯이 듬성듬성 흙을 붙이고
그것이 마르면 아버지가 짚 섞은 흙벽돌을 만들어 쌓듯
부리로 벽체를 쌓는다
꼭 먼저 흙이 마른 다음 이어서 쌓으며
튼튼하게 짓는다

다음으로 스산 말로 부검한다고 하는디
부드러운 풀뿌리나 짐승 털을 물어다 깐다
그 털이나 실뿌리는 산이나 들에서 물어온 것이라고 한다
그리고 입주식, 거기에 알 네다섯 개를 낳는다

이 과정은 60년 전
내가 꼬마 때 본 것과 같다
다른 것이 있다면 그 집이야말로 군더더기 없는
필요만 지은 가난한
집이라는 생각이다

황금산에서 삼길포까지

황금산에서 삼길포까지
발길 닿는 대로 거닐다 보면
화곡 저수지에 날아든 철새들
원앙이 부러울쏘냐 짝짝이 꽃을 피운다

삼길산 칠 부 능선에 자리한 삼길사는
海月庵였다가 海月寺로 증수하였다지요
목조관음보살좌상 모셔진
삼길사 목탁 소리 자비롭게 바다로 간다

낮에는 연기 피우고
밤에는 불을 피우던
삼길산 정상 봉수대처럼
심장이 활활 타던 시절
나에게도 있었지, 지금도
마음만은 저녁노을처럼 붉디붉다

삼길포항 하면 선상 어시장
싱싱한 활어가 팔딱팔딱 힘이 넘치고
손 큰 충청도 아줌마가 푸짐하게 썰어준 우럭 회
상추쌈 싸 먹고 마시는 소주 한 잔
목울대를 넘어갈 때 아하, 이 맛!
바다에 뜬 보름달처럼
넘실넘실 춤추게 하는 삼길포 인연으로
삼길포우럭축제… 기다려진다

시집살이

볕 좋은 날이면 빨랫줄에 옷을 넌다

아기 옷에서는 젖내나고
아버지 옷에서는 땀내 나지만
어머니 옷에서는 시집살이 찌든 내가 난다

빨랫줄에 널어 말리는 동안
젖내나 땀내는 바람이 데려가는데
어머니 시집살이는 그대로
빨랫줄에 걸려있었다

외로움

다정하게 짝을 이룬 두 쌍 옆에
혼자 서있는 노랑부리저어새
짝 잃은 서러움
동지섣달 추위는 참아내도
문풍지 시린 울음소리
어찌 감당하리오

제 2부

때로는 저절로 눈물이 날 때가 있다

천수만 간척지

얕은 갯벌로 이루어진 바다를 현대건설사에서
정주영 물막이 공법*으로 완공한 방조제다

얼떨결에 육지로 변한 간월도
옛 맛 간직한 어리굴젓
얼얼한 맛 언제까지 살아남을지?
물치 때 놀던 부남호
철새 날아들어
유영 대신 군무를 펼쳐 그나마
아쉬움 달래준다

어부는 농부로 갯벌을 일구어
만선의 기쁨 대신
황금 물결치는 풍년을 꿈꾼다

양대동에서 뚝방길 따라 핀 코스모스 꽃향기
갯내음을 대신하며 한들한들 웃는다

* 폐선을 활용한 공법

단기 계약직

해마다 봄이면
고추씨를 파종하는데
그때마다 아내는
우리 집 단기 계약직 사원이라고 한다
고추씨 1봉지에 씨앗이 1,200립
1,200명 관리 사장은 아내다

수습 기간 3개월 남짓
씨앗 파종해서 묘를 키우는 작업인데
이때 교육이 가장 중한 것은
어떻게 관리하느냐에 따라
고추의 수확량이 결정되므로
동물이나 식물이나
초기 생육이 중한 것은 매한가지
잠잘 때는 이불 덮었다
아침에 걷어주는 수고로움 마다하지 않는다

수습을 마친 고추 묘를 본 밭에 옮겨 심고
본격적으로 부여받은 업무는 열매를 많이 매달아야 한다

아내의 손길 닿는 대로 자라주는 고추밭
목마른 듯하면 물을 주고

배고픈듯해서 비료 한 줌씩 주어더니
열매 하나 더 매달아 주는 사원들
어떤 대우를 해주냐에 따라
하루 수익이 보장되는 이치는 고추밭에만 있는 걸까
순간 일용직 현장이 떠오른다

주렁주렁 매달리는 고추를 보노라면
세상 이치는 매한가지인데…….

락앤락

때로는 잠그고 또 잠그고 싶은 게 있다

아주 소중한 것을
새지 않게
애벌 잠그고 두벌 잠가서
맛있는 국물 흘리지 않게
아삭한 식감을 보관하고 싶어
락앤락으로 잠그고 또 잠근다

그 맛 그대로
그 식감 그대로
변하지 않았으면 하는 바람으로
락앤락 반찬통에 넣고
잠그고 또 잠근다

오늘 나는 당신과 함께했던 소중한 추억 하나 락앤락으로 잠근다

허기진 웃음

몰랐다 하늘 아래 웃음들이 산다는 걸

봄부터 지금까지 가녀린 대궁, 까만 밤을 지새웠다는 걸

한들한들 흔들릴 때마다 안간힘 쓰며 균형 잡는다는 걸

헝클어진 속마음 매듭 풀어놓은

실바람에 흔들리는 꽃잎을 보고 웃는다

가을향기 따라 굿거리장단처럼 걷다가

어느새 자진모리장단으로 가을을 따라가는

허기진 웃음 앞에 코스모스 반갑게 인사를 한다

스산 생강 한과

이웃집 아줌마같이 웃음 짓는 쌀 튀밥
바싹한 맛은 친근한 할머니 맛이고
달달한 조청은 어머니 맛이고
서해안 해풍을 맞고 자란
쌀과 생강이 만들어낸
바싹 달콤한
언제까지나 함께하고 픈
고향 맛이다

바싹한 행복과
달콤한 추억이
듬뿍 담긴 스산 생강 한과
맛보러 오신다면 행복이 두 배

생강의 건강한 맛을
오래도록 맛보려면
주의할 점이 있어요
눅눅한 곳에 두면 안 돼요
사랑이 변질할 수 있어요
직사광선을 피해 주세요
잡티가 생기면 곤란해요

바삭하다는 것은 건강하다는 증거예요

어머니의 속내

어머니는 아침 드시면서 말씀하셔다
오늘 읍내에 가서 머리 깎고 오련다 하자
아내가 말을 받아 아비 읍내 일 보러 갈 때 차 같이 타고 가셔요
말이 끝나기도 전에 하시는 말씀
아비 성가스럽게 뭐 하러 그려
버스 타고 가면데야 하신다

아흔이 넘은 후부터는 읍에 갈 일이 별로 없는 어머니는
한 달에 한 번 혈압약 받으러 가는 일과
뽀글이 파마할 때 가는 게 전부다

어머니는 오늘을 손꼽아 기다린 지도 모른다

버스에 오르자마자 동네 소식을 듣기 시작한다
옆 동네 할멈 안 보이네 하자 산으로 갔다는 말에
눈시울 적셨다가 금방 화색이 돌아와
건너 말 치매 환자 실수담을 듣고 혀를 찬다
어머니가 버스를 탄다고 고집한 이유다

장에서 돌아오는 어머니 손에 들린 검정 비닐봉지
부풀려진 오후의 수다가 담겨진 호떡이 들어있다

나도 울었습니다

숲에서 나무가 울 때는 그만한 이유가 있다

맨살에 소소리바람맞았다 해서 우는 게 아닙니다
그까짓 볼이 에이는 아픔이야 지나면 그만이지만
가슴속 피멍이 들어 썩어 문드러지는데 커다란 나무라 할지라도
어찌 울지 않을 수 있겠습니까

마파람에 쩡~ 하고 금 가면 얼음도 슬퍼 우는데
어찌 울지 않을 수 있겠습니까

희망이 불타는 서울의 한복판 밤거리에서 꺾인 159송이 국화꽃은
아무런 도움도 받지 못한 채 허공에서 영문도 모를 낱말들이 톡 하고 떨어지는 걸 바라만 봐야 했다

수천수만 가지 감정들이 복장을 후벼 파는 느낌 앞에서
어찌 울음을 참을 수 있겠습니까

거리에 비가 내리고 눈 내리는 날에도 유가족들은 걷고 또 걷는 시간에
해석되지 않은 악마 같은 말들을 쏟아내는 이들이 시시덕

대는 세상을 보고
  어찌 슬픔을 외면할 수 있겠습니까

  나무야 봄이면 새싹이 트고
  얼음이야 겨울 오면 다시 얼겠지만
  꽃 같은 인생을 꿈꾸다 저 하늘의 별이 된
  다시 못 올 길을 떠난 이들 앞에서
  나도 울었습니다

  지금도 왜 그래야만 했는지 묻고 또 물어봐도
  아무런 대답이 없는 어처구니 없는 세상

콕 뱅킹

콕 하고 눌렀더니 콕 하고 사라지는 사랑이 있다

혹여 따라오는 이 없나 휘 한 번 뒤돌아보고
콕 뱅킹 창에 비밀번호 누르고 메뉴를 클릭 클릭하면
낯선 느낌이 첫사랑 닮았다

편리성에 매료돼 자칫 콕 하고 누르는 순간
주지 말아야 할 정을 준 대가는
쓰라린 상처만 남아 가슴을 후벼판다

한번 콕 하고 눌렀다 하면 어디든 도망가 숨어버리는 속성이 있어
 1단계 2단계 3단계까지 속도를 조절 못 한 사랑은 낭패를 보기 십상이다

확인된 사랑도 일부러 밀고 당겨보듯 호흡을 한 박자 늦춰
와락 끌어안아도 늦지 않으니 꼭 그렇게 해보시라

불같은 사랑을 한다고 그냥 불 질러 버리면
정말로 다 타버리고 남는 건 잿더미뿐이다

콕 하고 누르기 전

찐 사랑인지 꼭 확인하고 나서
콕 뱅킹 버튼을 콕 콕 콕 눌러요
안 그러면 큰일 나요

리듬, 파도

애초부터 타고난 재능 이려는가
자유자재로 리듬을 타는 파도

거센 바람 불면 거칠게
미풍 부는 날엔 날대로
잔 너울에 몸을 맡겨
리듬을 타는 파도

세상살이 또한
파도처럼
바람 부는 방향대로
리듬 타는 것인데
어쩌다
한 박자 느리거나 빨라
리듬을 놓치는 순간
어두운
밤바다
밤바다

파도처럼 바람결 따라 리듬을 타며 살리라

세상살이란

되새김질은 외양간에서만 하는 게 아니다

하루를 보내면서
한 달을 보내며
일 년을 돌아다볼 때
지나간 시간에 대하여
움질움질하다 보면
저작되지 않은 날것이
분명 있을 거다

저작이 덜 된 가시 같은 언어와
딱딱하게 응어리진 맘
풀어내기 위해서는
움질움질 되새김질보다
더 좋은 약은 없다

불편하던 뱃속도
되새김질하고 나면
언제 그랬냐는 양
편안해진다

되새김질은 외양간에서만 하는 게 아니다

아버지의 삽 농사

들로 나갈 때는 항상
삽을 챙겨가면 좋아
웅덩이는 메우고
울퉁불퉁한 길을 닦고
개울을 치다 미꾸라지 잡는 재미를 보기도 하지
안골
웃자란 논에 물꼬를 터주고
산등성이 너머 목마른 논배미
한낮 소나기라도 내리면
물 가둘 수 있게 꼭 틀어막고
칡뿌리 캘 때도 요긴하게 써먹잖아
움푹 팬 상처를 치료하고
새끼발가락 끝까지 실핏줄로 이어지듯
구석구석 외진 곳까지 물길을 터주는 게 삽이라 해도
난감할 때도 있긴 하지
토질에 따라
젖이 나쁘다 보니 허기진 논
비료 한 주먹이라도 뿌려줘야 하는데
임시방편으로 윗논 물꼬를 터 내리 대주고
몸속에 있는 배설물 죄다 짜내 주고 나면
오히려 내가 더 시원해
삽날이 닳아 줄어든 만큼

행복감은 배로 커가는 한여름 검푸른 들판

초생草生이나 민생이나 매한가지
대도시 콘크리트 숲인들 다르랴
삽으로 물을 대기도 빼기도 하는 거지만
아버지 말씀에 삽 농사만 잘 지어도 풍년이 든다 했다

* 천수답의 방언

인생

인생이란
서산에 걸린 저녁노을처럼
붉게 물들여 열정을 다하는 것이다

첫사랑

누구나 빠지지 않는 옹이하나 가슴에 품었다

언제부터인가
생각만 하면
뛰는 가슴
혹시 들킬까 봐
진정하느라 살을 꼬집은 적도 있다

옹이는 더 깊게 안으로 파고들 뿐
절대로 빠지지 않는다

참회록

태양이 떠오르고 아침이 온다
어제와 같은 오늘이 왔다
뒤돌아보고 싶은 마음
시간은 점점 과거로 흐르고
나는 시간을 따라 과거로 간다
어디서부터 어디까지가 과거란 말인가?
이 생각 하는 동안에도
계속해 과거는 만들어지는데
오늘도 해가 떠오른 만큼 과거가 생겨나고
조금 더 있으면 지금이 과거가 되는데
지금 이 순간부터 참회하리
낯선 곳에 간 것과 낯익은 곳으로 갔던 일
밝은 달밤에 피는 달맞이꽃을 아름답다고 생각한 마음
길고양이 차에 치여 죽는 게 숙명이라고
참새가 수수를 따 먹는 날 본체만체 한일
장마에 애호박이 둥둥 떠내려가는 상상을…….
그런 나는 저녁노을 바라보며
막걸리 한잔을 기울이는
무개념으로 서 있는 들녘 허수아비로 산다

물속에서 우는 모래

　가느다란 실뿌리에서 빨아올린 물 미루나무 꼭대기까지 올라가는 대낮에
　물속에서 우는 모래가 있다 살랑대는 물결에도 제자리를 못 잡고 둥둥 뜬다
　차라리 물 밖이라면 숨이라도 크게 쉬며 바람에 몸이라도 말릴 텐데
　사막도 아닌 물속 모래
　갈피 못 잡고 허우적대는 소리만 난다

　물길이 바뀌는 대로 형태가 변해가는 모래톱
　뱀같이 변한 모래 물길 바뀌지면
　별안간 용천으로 변해 승천하는 용오름처럼 휘휘 돌아버리고
　중심은 간데없고
　사방으로 흩어져 우는 모래
　물속에서 울음소리만 들린다

원점

높이 오르려는 욕망은 당연한지 모른다

하나같이 하늘을 향해 오르고 있질 않은가
숲에 나무는 키재기 하면서
들에 잡초도 고개를 빼면서
하늘을 향해 높이뛰기를 하고 있다

몸을 낮춰 수평운동을 수직으로 전환해야 높이 뛸 수 있기에
도움닫기 준비는 전장으로 나가는 심정으로 다구지게 다잡은 다음
뒤에서 맹수가 추격하는 설정을 한 다음 힘차게 내딛는 질주
찰나의 순간에 수직으로 전환 버튼을 누르고는 어깨를 들이밀어 오리는 과정에서
최고점을 찍고 낙하까지 불과 몇 초인데

우리는 남보다 높이 올라야 한다는 생각에 사로잡혀
경쟁이란 소용돌이에 휘말려 평생을 살 거라면 너무 피곤해
차라리 바닥 아래를 추구하는 부류가 많을지 몰라

높이 솟구친 다음 우아하게 착취하려고 했어

올라와 보니
내려가기 싫어서
다른 길로 가게 됐어

오르는 것보다 안전하게 착취하기가 더 힘든 걸 그때 알았어

수평에서 수직으로
수직에서 수평으로
잠시 곡선 그래프 그리고 나면 원점이더라

맨드라미

집 입구에 아내가 심은 맨드라미 꽃이 피었다

위에서 내려다보면 산호초 굴락 같아 여기가 바닷속인가 생각하다

옆으로 보면 누구의 손바닥 닮은, 장갑 끝에 수술을 달았나 생각하다

거꾸로 보니 드레스를 입고 탱고 춤을 추고 있는 이국의 무대 같다

가을 하늘 높고 바람 상큼한 오후

단맛 같은 기억을 되새김 하며 탱고춤을 춘다

고추씨를 뿌리다

봄이라서 씨를 뿌린다. 밭에다 고추씨를 뿌린다. 작년 봄에도 뿌리고 올봄에도 뿌린다. 고추씨 뿌림은 반복된다. 땅에서 반복되고 하늘에서 반복된다. 전열선의 온도를 믿고. 포트 재배 실력을 믿고 고추씨를 뿌린다. 고추인지 모르고 뿌린다. 매운맛이 열리길 바라면서 뿌린다. 너무 맵지 않기를. 고추가 달지 않기를. 매달린 고추가 떨어지지 않기를 바라며 뿌린다. 내어다 심으면 제대로 뿌리를 잡을까 하며 뿌린다. 바람에 흔들려 쓰러지지 않을까 하며 뿌린다. 곧추세워 하늘을 가리키는 고추나무. 호되게 매운맛은 기하급수적으로 세를 불려 나간다. 방아다리에 열렸던 인연 일찍 따내야 한다. 고추가 고추다워지기 위해서다. 허공에 매달린 고추. 매운맛으로 배를 채운다. 먹고 싶지 않은 맛이지만 자꾸 자꾸만 먹는다. 허공이. 바람이. 이슬이. 키운 고추는 잘 따진다. 따는 사람 없는데 주렁주렁 매달린 매운맛이 따진다. 가문을 잇고. 문패를 달고 산다. 지독하게 매운 연기가 굴뚝에서 피어오른다. 구슬픈 요령 소리 예고도 없이 들려온다. 씨를 뿌려 잇고 또 뿌려 잇다. 나는 새봄이라서 고추씨를 또 뿌린다.

호랑이강낭콩*

텃밭에서 지지대를 타고 쑥쑥 올라가는 덩굴
주인장 발걸음을 먹고 꼬투리가 열리고
한 뱃속 형제들끼리 경쟁하며
몸집을 부풀리는 동안에
태백산 기운을 머금은 듯 늠름한
콩꼬투리에 새겨지는 호피 무늬
선명하게 존재를 드러내기 시작한다

바람에 흔들릴 때마다
더 단단하게 매달리는 콩꼬투리
얼마나 영글었나 속을 들여다보려 해도
배 갈라보기 전에는 알지 못하고
아니 갈라본다 하여도
그들만의 작은 세상을
어찌 알 수 있겠어
호랑이가 강낭콩이 된 건지
강낭콩이 호랑이가 된 건지
한참을 생각하며 숲속을 걸어갔다
발걸음 멈추고 다시 생각해 봐도 도무지 떠오르는 답이 없어
그냥 뒤돌아 오는데

콩꼬투리 속에서 호피 무늬가 어슬렁 걸어 나온다

애초에 끙끙 속 태워, 될 일이 아니었다
아무리 작은 세상의 비밀이라 해도
어찌 다 알 수가 있던가
사나운 속내를 감추며 단단해진 몸에
호피 무늬를 새겨 넣는 과정을 거쳐
파실파실한 식감으로 태어나
애호가들의 입맛을 일순간 사로잡는 힘이 있는
호랑이강낭콩의 이치를 상세히 알 수 없다 하여도
세상은 항상 앞으로 가는 일을 멈추지 않아
어쭙잖게 여문 생각들은 다 비워내
파실파실한 정 하나 내 안에 품으면 좋으리

* 껍질에 호피 무늬가 있는 강낭콩

환승

가을 역에 두고 온 나를 찾으러 왔어요
이맘때면 깜박깜박 잊어버립니다
머쓱한 웃음 지으며 달아나는 가을을 붙잡아 두려고요

일하며 살다 보면 어떻게든 살아지더라고요
등에 짊어진 게 약속인 것을 그제야 알겠더라고요
손아귀가 풀리면서 뭔가를 놓치고 있을 때
힘을 꼭 주라며 누군가가 말하고
햇살이 사방을 말리는 오후
그 자리에 붙박이로 남아
하루를 기다리고 있더군요

벼가 고개를 숙이던 날
바람만 졸졸 따라다녔지요
바람이 방향을 자주 바꾸는 바람에
환승 아닌 환승을 하게 되었어요
출구에서는 항상 바람이 먼저 복도를 지나가요
그 방향으로 직진하는 당신의 얼굴은
역광인 듯 뒤집힌 소리 같아요

뒤집힌 그것을 얼른 뒤집어
똑바로 돌려놓았죠
가을을 따라가는 당신을 잡아당겨

무릎 위에 앉혀놓고 속삭였죠
아직 너무 멀리 가면 따라가기 힘드니까
조금 느리게 가자고 말했죠

가을이라는 기차

누런 환승역은 오늘도 멈추질 않아요
추수가 끝난 논배미에 낟알이 배냇짓 할 때
갈아엎은 문장이 뚝 튀어 올라
메마른 흙 위에서 헤엄치는 송사리 떼
활치*로 잡아 올리면
비린내만 빠져나와 바람을 타고
바람바람 바람바람 바람을 외쳐요

누런 가을 역, 고개 숙인 알곡들이 콤바인 이송기에서 우르르 빠져나와
무덤덤하게 자루 속으로 환승하는 가을

* 얕은 물에서 물고기를 잡는 어구

웅도

가로림만 품 안에 작은 섬 웅계 혈족 피가 흐르고 있다

소박한 평화를 간직한 천혜의 고장 웅도
얼굴에 간직한 그윽한 미소는 환웅의 피가 흘러서일까
하나같이 해맑은 사람들, 소달구지 타고 바지락 잡으러 간다

천제단 제를 올렸을 섬사람들이 바라던 것은
아마도 욕심보다는 바다가 주는 만큼 만족했으리라

한 바퀴 돌아보는데 반나절이면 충분하지만
인정 취해
경치에 취해
물때 놓치면 발이 묶이는 곳이라
잠수교 이용객 여러분 미리미리 알아두세요

하루해가 저물어 만조 된 섬
불빛 하나 없는 잔잔한 바닷가
고요함마저 새근새근 잠이 든다

제 3 부

다르다는 것에 대하여

바닷물이 짠 이유

바닷가에서 태어나 자연스레 바다에서 수영을 배웠다

누구나 아는 사실이지만 바닷물이 짜다는 것을 그때 알았고

곰곰이 생각한 지가 꽤 오래다

바다로 흘러드는 모든 물 중에는

욕망이 뱉어낸 탐욕부터

군홧발에 밟힌 아픔

산업화의 고단함이

섞여서 떠내려온 것들

다 받아 안은 바다는

덧나기 전에 절여

영구적으로 치유하고

기록을 남겨두기 위해

바닷물이 짜야만 했던 이유이다

윤작輪作

농사 잘 짓는 법은 별것 아니다
돌려짓기만 잘해도 농사 반은 거저먹는 셈이다

연작連作 장애 피해를 알면서
눈앞에 보이는 영리를 쫓다가
노랑 병* 발생한 생강밭
때늦은 후회뿐입니다

식습성이 같은 부류는
좋아하는 음식도 같다 보니
육점박이 하늘소 긴 더듬이로
더듬더듬 더듬어보지만
바닥난 뒤주엔 먹을 게 없고
굶주린 뱃가죽 부여잡은 틈을 타
호시탐탐 노리다 쳐들어온 세균무리는
인정사정없이 재배하던 생강밭 싹 쓸어버렸다

푸자리움 균은 땅속에 잠복하고 있다가
먹잇감이 포착되면 맹수로 돌변해서
단박에 공격하는 포식자가 된다

욕심 버리는 지혜만 있다면

슬금슬금 파고든 노랑병들
돌려짓기 농법으로 다스려야 제격이다

* 생강잎이 노랗게 변해가는 뿌리썩음병의 총칭

봄볕 앞에 펼쳐진 삶

햇볕이 누워있는 자리에는 어김없이 씨앗이 일어나 걷는다

걸어가던 씨앗은 따라오는 볕을 받아 앉아 동화되는 과정을 거쳐 새로운 삶을 위해 떡잎을 밀어 올린다

아직 솜털이 보송보송한 얼굴로 세상 밖으로 나온 사랑스러운 저 여린 것이 모진 풍파를 이기고 꽃을 피우기까지는 건너야 할 게 많아 안쓰럽지만, 그 몫 역시 스스로 감당해야 하는 게 세상 이치라서 지켜볼 뿐이다

그것은 누구에게나 주어지는 어찌 보면 공평한 일이다

봄볕 앞에 펼쳐지는 삶, 다 그러하다

모래성지

강 하류 삼각주
떠내려온 혼령들이 쌓인다

애초부터 작은 알갱이는 아니었다
세상에 나와 이리 치고 저리 치다 보니 잘게 부서진 것이다

모든 욕망은 커지고 싶은 게 맞는데
둥글게 다듬어진 것은 다행이다만
작아진 것은 유감이다

물길을 타고 오는 동안 하마터면 건축용으로 채취하는 업자에게 꼼짝없이 잡혀가 시멘트 콘크리트로 옴짝달싹 못 하는 길바닥 신세가 될 뻔했는데 그도 운명이라고 요행이 빠져나와 성지까지 도달하였으니 이곳에 뼈를 묻으려 한다 혹시라도 나를 찾는 친구가 있다면 짠물이 전해주는 밥도 먹을만하니 콘크리트되는 것보다 여기가 좋다고 전해다오. 안전보장이 안 된다면 더 먼 곳으로 이사 갈 수 있다는 말도 함께 전해요

하늘을 날아다니는 새들이 수천 년 전부터 써놓은 상형문자는
마이크로필름보다 세련된 반도체 칩 속에 차곡차곡 쌓이는
모래 성지 역사 속에는
모난 인생은 없다

10월

내 것이 아니어도
들에는 황금물결
산에는 울긋불긋
지천으로 널려있는 풍요로움
바라만 봐도 넉넉한 10월

풍요로움 그 자체
주렁주렁 매단 감나무처럼
휘어진 가지만큼 결실을 거두어
한 해 동안 일한 대가를 받는 10월

단풍잎 하나 둘 떨어지는 감나무 아래서
10월의 행복을 맘껏 누려본다

늙은 호박

야무지게 영근 너를 바라보면 예쁘다

두루뭉술한 생김새

뭐 예쁘냐고

옹골차게 익어봐라

살찐 앙가슴 넉넉하여 봐라

온 세상이 환해질 거다

마음도 넉넉해질 거다

늙었다 괄시하지 마라

늙어 사랑받는 건

늙은 호박뿐이더라

나도 늙으면 호박처럼

사랑받고 싶다

일본 핵 오염수 방류에 부쳐

삼 면이 바다인 덕에
마음 놓고
맛있는 생선을 먹을 수 있었다
이웃 나라 일본에서
미래의 검증을 포기한 채
바다에 핵 오염수를 버린다고 한다
평화롭던 바다는 슬픔에 잠겨
울고 있는데
치유는 안 해주고
일본 핵 오염수 방류를 대변하기 위해
수조 물을 입맛 다시며 괜찮네 하는 짓거리
한 수 더 떠 핵 오염수 먹을 수 있다는 사람
저들은 우리에게 무엇을 물려주기 위해 저리 뻔뻔한지
속내를 모르다가
정말 엄청 좋은 일이 생기려나
생각도 잠시
수산업 종사자의 근심과
죽은 바다가 오열하는 꿈을 꾼다
가랑비에 옷 젖듯이
30년 방류 후에
시름시름 앓는 바다가 된다면
누구를 원망해야 한단 말이오

삼면의 바다를 둔 게 죄란 말이오
과학이 모든 것을 해결할 수 없습니다
막아야 할 때 못 막으면 영원히 후회만 남길 뿐이다

돌아가시다

자동차가 다니는 신작로에서
번드고개 넘고 덕고개를 넘어야만
내가 사는 시골 마을에 도착할 수 있다

아버지가 자주 들리는
길 가 주막집을 돌아가야 집으로 가는 길이다

어느 날 동네 사는 어른이
'돌아가셨다'라고 해서 막걸리 한 잔 드시러
주막집 모퉁이를 빙 돌아간 줄로만 알았다

추수가 끝난 빈들에 황망한 바람이 불더니
간밤엔 하얀 눈이 발목을 덮을 만큼 쌓였어도
아직까지 돌아오지 않으신다
봄은 왔건만
한번 돌아간 이들은 영영 돌아오지 않는다

어떤 죽음 앞에서

병원 입구에 웅성거리는 소리 속에서 (살만 하니 갔으니) 하며 혀를 찬다
청상과부로 살면서 고생고생하며 자식 키워 고생 끝나나 했는데
암에 걸려 손도 못 써보고 저 세상으로 갔으니 너무 불쌍해, 하루해를 이틀 삼아 살았는데 하늘도 무심하지 어찌 그리 데려간대요(그건 아니지)

안 해본 일 없이 밤낮으로 몸을 굴렸으니 어디 한군데 성한 곳이 있겠소
사내들도 힘든 일을 아녀자 몸으로 그리 살았으니 여태까지 산 것도 하늘이 봐준 거야 나 같으면 벌써 뭔 일 치렀지

산다는 게 어지간하게 살았어야지 뭘 하려고 죽을락 살락 그려
둥글둥글 살다 가나 네모나게 살다 가나 가는 건 매한가진데
살만하면 죽는 거 (안 그려)

감태 예찬

겨울철 가로림만 갯벌에 청보리밭처럼 보이는 감태밭이
생겨난다

어머니는 맨손으로 감태를 매
발에 떠 햇볕에 말려서
고소한 기름 솔잎으로 발라
아궁이 불에 구워내면
입안에서 사르르 녹는 그 맛
먹어보지 않고는 모른다

짠물에서 자랐어도 달콤한 게
이름값을 한다

감태 칼국수 인기 높아 줄 서서 먹는 집 생겨나고
감태김 비행기 타고 LA까지 수출 간다

가로림만이 내어주는 보배 같은 감태

향로 바위*

2만 동 화폐 모델
돈 바위라 부르는
하롱베이 향로 바위
수려한 외모 덕에
십장생 반열에 올랐구나

* 베트남 하롱베이 바다에 있는 바위섬

테이블 러너를 덮은 거울

한산한 거리를 거닐다
조그만 카페로 들어섰다
잔잔한 선율이
작은 공간을 울림통으로 만들어
귀속으로 들어오는 음악
출입문 왼쪽 귀퉁이에
앉은 경대는
테이블 러너를 덮고 있다
내 얼굴을 비춰봤지만
숭숭 뚫린 작은 바늘구멍만이
되돌아올 뿐
내 모습은 바늘구멍이 되어
작은 구멍 속으로 들어가 버린다
허구헌 날 남의 모습을
비춰만 주고
정작 자신의 모습은 비춰보지 못하는
거울도
일상에 지친 나처럼
조용히 쉬고 싶을 때가 있으리
누구에게나 일상을 벗어나
무념무상으로
흰 구름처럼 두둥실

가벼워지고 싶은 거지
오늘 이 시간만이라도
얼굴을 푹 가리고
테이블 러너를 덮은 거울이 되어보고 싶다

틈의 아이러니

하도 바빠 틈을 내야지 하면서
틈내기란 쉽지 않아
이럭저럭 해를 훌쩍 넘겨
정작 하고 싶었던 일을
또 미뤄두곤 한다

틈틈이 틈을 엿보다
겨우 틈을 만들면
생각했던 일보다
다른 게 앞서와서
기다린다

틈이란
내기도 힘들지만
줘서도 안 되는
알다가도 모를
아이러니 같은 것이다

그러잖아도 빡빡한 세상
출근길 지하철부터
비집고 들어 앉아야
겨우 숨통이 트이는 것처럼
틈바구니와 틈은 맞물려 돌아간다

짚단처럼 틈을 묶을 수 있다면
나는 파도 소리 들리는 작은 섬으로 가련다

수선화

운산면 여미리
산기슭 아래
유기방 가옥 입구
느티나무 한 그루 서 있다

고택을 에워싼 수선화꽃이
나를 반기듯 방실방실 웃고 있다

봄바람 살랑살랑
살결 스칠 때마다
너와의 연을 맺은 그해 봄처럼
오늘 역시 봄볕이 좋아
오랜 세월 흘렀어도
노오란 꽃 같은
먼 기억도
어제같이 다가와
곁에 앉으며
행복하냐고 묻는데
순간 가슴이 꽉 막혀
허공을 바라만 봤다

수선화 꽃밭에서 만난 추억 안고

담장에 기대어
티 없이 환한 수선화를 바라본다

감자 심던 날

산기슭 아래로 걸어 내려오는 봄 따라
봄볕이 하느라 바쁜 벽지에는
제일 먼저 감자를 심는다
지난해 폭삭 망했는데
심지 말까 하다 손이 먼저 밭으로 가고 있다

옛날부터 구황작물이던 감자
풋감자 캐시던 어머니 생각나 눈가가
촉촉해진다
가마솥에 삶은 감자
먹었던 그 맛
어찌나 맛이 있었던지
그 맛은 지금도 잊히지 않는다

심으면 손해나는 감자 농사를
또 짓는 이유는
누군가에겐 굶주린 배를 채워줄 구황 같은 존재
약삭빠르게 이문만 바란다면 삭막해서 살겠나
농부들은 늘 그렇게 살아왔다

다행이다

　태어날 때부터 짝눈으로 태어난 나는 안경을 쓰고 살다 보니 안경 알이 점점 두꺼워 졌다
　안경 알이 두꺼워지는 만큼 시각화된 기억도 두꺼워졌으니 참 다행이다

　어느 날 갑자기 화면이 정지되
　컴퓨터 자판을 볼 수 없다 하여도
　지금, 이 순간 자판을 두드릴 수 있으니 참 다행이다

벙구나물*

뒤란에 있는 벙구나무 새순을 따다 무친
벙구나물이 저녁 밥상에 올라왔다

배고픈 참에 한 젓가락 입안에 넣고
씹는 순간 혓바닥이 감동을 한다

쌉싸름하고 아삭한 식감에
고소함까지 갖춘 맛은
이맘때 아니면 맛볼 수 없다

아내가 따라주는 막걸리 한 잔
벌컥벌컥 마시고
벙구나물로 안주하니
봄을 다 먹어서인지
춘곤증까지 싹 달아난다

쌉싸래한 맛으로 입맛 잡아주는 벙구나물
보약이 따로 없네

* 엄나무 순

닻개포

이제는 배가 들어오지 못하는 포구

바다가 육지로 변하는 동안 철썩이던 파도도 슬퍼했으리라

닻개 포구에는 배 대신 벼들이 자라고 있다

대문호 부성 태수 최치원, 중국 사신 맞이하던 곳

그 역사 간직한 채 갈대밭으로 남은 포구는

가끔 이곳을 찾는 이들 말없이 맞이한다

쌀에 대한 소고

정월 열나흗날 저녁
쌀밥을 지어 감태 주먹밥 만들어
안방 문 위에 걸린 복조리에 넣으면서
마지기당 양 석만 먹게 해달라고
치성드리시던 어머니

장리쌀이 무서워
벼 이삭 하나라도 주워 모으느라
쥐구멍을 다 파내 이삭을 줍던
배고픔 벗어나려고
간척지를 막아야 했다

갯벌을 짊어져도 행복했고
이마에 땀방울 흘러내려도
절로 흥이 났던 아버지들이다

갯벌 밭이 논으로 변해
황금물결 일렁일 때는
하늘이 감복한 줄 알았는데
WTO 체결로 개방되자
장사치들은 앞다투어 대문을 열어
쌀을 수입하는 바람에

귀한 몸이 아니라
오히려 지청구 신세가 되었다

아이러니하게 아직도 쌀은 주식이다

어머니도 젊었을 때가 있었다

가을 김장을 심어놓은 지 보름 지났다
어머니는 이웃집 김장밭을 보고 오신 후
비교되는 배추를 바라보다
활착이 더디다 싶어 요소비료를
배추포기마다 한주먹 듬뿍 주었다
"많이 먹고 빨리 커야 애들 김장해주지"

다음날이 되자 생생하던 배추는
소금에 절인 푸성귀처럼 시들시들
어제 웃거름을 준 비료가 문제였다
아무리 좋은 음식도 과하면 배탈난다
김장용 배추로는 가치를 상실했다

그 젊은 내 어머니는 말했다고 한다
내 생각만 하고 너무 욕심부린 겨

내 나이 육십이 되고 보니

나이 들면 철든다는 말이 맞는 것 같다

당신이 제일 예쁘고
고맙고
그리고 사랑해

한 해를 보내며

차가운 바람이 붑니다
어느덧 한 해
끝자락에 서 있습니다
이제는 비워야 할 때입니다

새해에는 새로운 시작입니다
그래서 깨끗이 비워야 합니다

비울 건 다 비워야
채울 수 있습니다

많이 비울수록 많이 담을 수 있습니다

제4부

소소한 사랑

함께 있어 좋은 사람

우연히 만난 사람
오래전에 만난 것처럼
낯익은 얼굴이 좋았습니다

말을 주고받지 않고
옆에 앉아 있기만 하여도
함께 있으면 좋은 사람

풍성한 가을날에
단풍잎 한 장 집어서
건네주는 그대가 좋습니다

함께 있기만 하여도 좋은 사람
아무 말 하지 않아도
눈빛만 보아도 좋은, 아니
멀리서 뒷모습만 바라보아도 좋은 사람

언제나 그랬듯이
그대가 있어 내가 살고
내가 있어 그대가 살고
그래서 세상은 살만한 거다

거저는 없다

봄은 거저 오는 게 아니다
혹독한 겨울을
지나고 나서
오는 것이다

이 세상에 거저 오는 것은 하나도 없다

진정한 사랑

빛이 있는 곳에 삶이 있고
빛이 있는 곳에 사랑이 있고
빛이 있는 곳에 생명이 있고
빛이 있는 곳에 희망이 있습니다

빛이 있어 온기가 있고
빛이 있어 세상이 밝고
빛이 있어 어둠을 밝혀서
세상을 바라볼 수 있습니다

나는 빛을 사랑합니다
진정한 사랑은 빛 같은 사랑입니다

내 맘

어제와 오늘
다르듯이
세상은
한 시時도
같지 않다
내 맘도
그렇다

구경시장

단양구경시장에 마늘이 넘쳐나고 있네
마늘 순대, 마늘 닭강정, 마늘 만두, 흑마늘…….
스산 촌놈 눈에 확 들어오는 구경시장
서산 육쪽마늘로 만든 상품 동부시장에는 없는데 말일세

까치 먹을거리 이 맛 저 맛 맛있구나
단양팔경 멋과 구경시장 맛이 찰떡궁합일세

헛, 이란

헛일하는 시간이 아까워
헛일을 말아야지 하지만
하다 보면 헛일이니
일하는 것이 쉬운 게 아닐세

벼 이삭 나올 때 내리는 비
헛 비인데
요 며칠 헛 비만 내린다

헛수고
많이 하다 보면 헛것
헛다리 자주 짚다 보면 헛일
세상 살다가 헛수고 없다는 것도
헛말이고
욕심 없다는 것도 헛말이고
헛말 없이 산다는 게
어디 쉬운 일인가

헛다리 짚어가며 사는 게 인생살이다

이삭 캐기와 어머니의 웃음

어른들 가을 타작이 끝나면
나는 동생들과 벼 이삭 캐러 다녔다
쥐가 긴 겨울 먹으려고 벼 이삭을 잘라
쥐구멍 안쪽에 잘 저장해 둔 것을
삽질하고 다닌 것이다
양지바른 쪽 쥐구멍 몇 개 털면
금방 자루가 수북해진다

잘한 일이라는 것을 아는 우리는
엄마를 크게 부르며 집으로 갔고
어머니는 우리 보는 앞에서 절구질하여
하얀 쌀밥을 지어주시며
빙긋이 웃으셨다

지금 생각해 보니
나중에 애들 굶기지는 않겠구나 싶어 하신
웃음이었던 듯하다

뒷골목 좌판

서산 버스터미널 뒷골목
파라솔 하나 펼치고
좌판에 나앉은 여인

지나가는 손님 붙잡고
맛있는 참비름 나물 권하며
"가만 보니 아는 얼굴 같아…."
환한 웃음으로 발걸음 붙든다

제철 농산물 애호박, 가지, 오이, 부추로
골목길 채워놓고 인생을 판다

풍성하던 머리카락
파 뿌리 돼서도
무엇이 뒷골목 좌판을 못 벗어나게 하나

양파 꽁다리

모두가 허리 굽혀
드러누울 때
혼자 빳빳하게
서 있는 이가 있다

가만 보니 잉태를 한 것이었다

엄마는 자식 위에
빳빳하게 서 있는 일쯤은
힘든 줄 모르고 해낸다

백제의 미소

정을 얼마나 많이
맞아야만
아름다운 미소를
지을 수 있을까
단단하던 바위에
영혼을 불어넣기 위해
정으로
두드리고
또 두드린 정이
정情으로
은근히 녹아들어
마침내 탄생한
서산 마애여래삼존상
마주하는 순간
근심 걱정
저절로 비우게 하는
백제의 미소 아름다워라

나는 어디로 가야 하나

온통 한 곳으로 가는 생각
생각하면 할수록
더더욱 좁혀져
다른 생각이 끼어들 틈새가 없다

잘될 거야 행복할 거야 하던 마음 일순간 어그러지던 날

잘 익은 상식도
때론 썩은 과일이 되기도 하는 세상
난해한 언어들을 피해서
잠을 청하는 저녁이지만
말똥말똥한 눈빛
블랙커피 한 잔에 밤을 버텨 보기로 하고
커피숍으로 향하는 발걸음

나는 어디로 가야 하나

긍정의 힘

빨랫줄에 걸린 수건의 하루는 행복합니다
보송보송 말리는 동안 부드러워지기 위해 최선을 다한다

대개는 마른 몸으로 사는데
더러는 촉촉함이 필요할 때도 있어
그런 땐 임기응변으로 물에 적시면
물수건으로 금방 변해

상대를 닦아 줄 때
지저분한 것들을 맘으로 받아 안아
땀도 닦아주고
눈물, 콧물 닦아주며
아무 불평불만 없이
궂은일 다하는 수건
긍정의 힘을 지닌 수호천사다

새판 짜기

삽질로 파 엎는 대로
새 흙이 올라온다
안팎을 뒤집는 일
새판짜기다

새판 짜기엔 삽질만 한 게 없다

껄 베끼다

복숭아 뽀얀 솜털 벗으면 맛 들어 먹을 수있다
곡식도 여물면 꺼럭을 벗는다
사람도 껄 벗어져야 철이든다

모든 게 다 그렇다

황도 당나무

황도 바다가 내려다 보이는 붕기풍어제신당 옆에 500년
이 훨씬 넘은 느티나무 한 그루 서 있었다

몇 해 전 황도에 들렸는데 낯선 곳에 온 것처럼 허전했다
당당하게 서 있던 당나무가 사라진 것이었다
신당 옆에 걸터앉은 노인에게 물어봤더니 글쎄
겨울철 제설제로 뿌리는 염화칼슘 포대를
나무 밑에 방치 해둔 바람에
여름철 장맛비에 땅으로 녹아들어
당나무가 죽은 거란다
섬에다 다리 놓은게 화근은 화근인데

설마 알고 그러진 안 했겠지

쌀값이 정말로 비싼가요

먹고사는 문제가 어제 오늘 생긴 일은 아니다

"사흘 굶주리면 담구멍 안 파는 사람 없다"는 속담처럼
사람은 굶고는 못 산다

정부가 쌀값 관리하는 걸 보면
쌀이 중하긴 한 모양인데
풍년들어 과잉 생산되면 농사꾼 탓한다
흉년들어 쌀값이 오르면
즉각적으로 개입하는 정부
밥상 물가안정이란 핑계로 농민은 간데없다

한 끼 밥으로 먹는 밥값이
1인분 200g 쌀값이 약 600원
밥 한 공기 1,000원 정도 합니다

커피 한 잔 값도 안 되는데
쌀값이 정말로 비싼가요

가로림만, 점박이물범

해양 생태 보고 가로림만 우여곡절 끝에 조력 발전계획 백지화되었다

천연기념물 제331호 멸종위기 야생생물 1급 점박이물범 국내 최초 해양 보호 생물 구역으로 지정된 오지리 앞바다 모래톱에서 점박이물범 맨눈으로 볼 수 있었다 마치 어린 아이처럼 흙장난하며 쉬고 있는 평화로운 모습 하마터면 영원히 사라졌을 광경이다 사냥감 많이 있고 휴식할 수 있는 모래톱 없었다면 반가운 손님 찾아올 리 없다 세계 5대 갯벌 다양한 종이 서식하는 가로림만 더 많은 점박이물범이 찾아와 우리와 공생할 수 있도록 자연생태 보전하는 국가 해양 생태공원 지정하는 길이 생태 보전이다

어떤 면접

40년 전이다
동생이 빼놓고 간 입학서류를 가지고
황급히 천안역에 도착한 시간은 밤 11시경
0시가 넘어야 구미 가는 열차가 있다

통행금지가 있던 시절이라 꼼짝없이 대합실에 갇혔는데
안에는 일종의 노숙자들 차지이고
밖에는 각대기 벗겨간다는 말로만 듣던 호객하는 아줌마들이 서성거리고 있었다
12시가 되니 우동 파는 포장마차 유일한 불빛도 꺼졌다

노숙자 여남은이 나를 둘러싼다
아무 말도 않고 눈만 껌벅거린다
난 정신 똑바로 차리자는 말만 마음으로 달궜다
그때 왕초로 보이는 어른이 한참 아래위를 훑어보더니
물었다 "어디에 가느냐?"
답했다 "동생 입학서류 빼먹은 것을 아침까지 학교에 제출해야 해서요."
알 수 없는 눈빛과 짧은 침묵과 "그냥 놔둬라"는 말이 떨어지고
얼마 후 무사히 동생에게 가는 열차를 탔다

요즘은 가끔 그 면접이 생각난다
왕초는 무슨 생각을 했을까

민간인 희생자

같은 날 오밤중에 한 집 건너 한집 굴뚝에서 연기가 피어 오른다
같은 날 한 시에 초상을 치른 것이다

성씨는 달라도 마음은 하나였던 모양이다
뭔지도 모르는 보도연맹 가입으로 시작된 원흉
초등학교 운동장에서 이슬처럼 가버린 사람들
민간인 희생자들이다

서슬 퍼런 군정 시절 숨도 크게 쉬지 못한 세월
산산이 흩어져 비루하게 살아가야만 했던 후손들
그리운 고향 맘 놓고 찾지 못한 사람들
연좌제 앞에 쉬쉬하며 평생 살아온 아픔을
치유하기 위해 진실을 밝혀
똑같은 불행을 막기 위해
진정한 화해를 해야한다

괌 여행길에서

지난겨울 괌 여행을 갔었다
가늘고 길쭉한 솔잎이 수술처럼 늘어져 있었다

환경이 다르다고 솔잎이 이렇게
길쭉하게 자라서 부드러워진단 말인가?

추우면 빳빳해지고
더우면 부드러워지는
자연의 이치가
괌에 있는 소나무에만 적용될까
사람 사는 어디든 온기만 돌면
저절로 훈훈해져 행복은 덤.....

밥값도 못했다

양배추를 심어놓고 사흘이 지났다

처음에는 잘 심어져서 보기에도 좋았는데
하루 이틀 지나 사흘이 되자
점점 땅속으로 기어들어 가
폭염주의보가 지속하는 기후 탓인가 했더니
밭 만들 때 뿌리라는 뿌리혹병약을
이식하는 날 물에 타서
주고 심어 약해 난 것이다

아무리 좋은 약도
처방대로 사용해야지
잘못 복용하면 부작용 나는 법
농약도 마찬가지 PLS* 꼭 지켜야만 한다

평생 밥값 하고 살았다고 했는데 양배추밭에서는 밥값도 못했다

* 농약 안전 사용법 Positive List System의 약자

가끔은 혼자 여행을 떠나고 싶을 때가 있다

자 떠나자 나를 위해
어디로 가는 중인지는 중요치 않아
모르는 사람들 속에 섞여 혼자를 만들고 있을 뿐이다

해는 지는데 거처할 곳을 정하지 못하고 여전히 혼자다
흩어진 것들을 모아서 하나로 만들기보다
오롯이 혼자를 만들기 위해 단단한 기둥 하나 세운다

가끔은 혼자 여행을 떠나고 싶을 때가 있다
마음 하나 달랑 들고 아무도 없는 곳으로 말이다

그곳에는 혼자를 알아보는 바다가 있다

그동안 혼자를 가두었던 문을 열어
떠오르는 태양을 향해 혼자를 탈출시켜 놓고 아침 바다를 바라보니
바다는 여전히 철썩철썩 파도를 친다

오롯이 맞이한 상쾌한 아침이다

우리 어머니의 겨울

어머니의 주름은 늘지 않는다
세월의 깊이만큼 깊어질 뿐
검버섯이 피어난 입가에 걸쭉한 웃음이 걸리는 시간
경로당 출석부에 이름 올리기 위해 종종걸음 치는 시간이다
사람 수 대로 점심 쌀 정해지는 시간

새벽닭 울음소리처럼
시계 보다 정확한 시간이다

입맛 없다던 입에는 구수한 숭늉 마시면서 "아! 시원하다"며
서로 눈치 보다 한 입씩 더 먹기를 원한다
텔레비전 앞에서 울었다가 웃었다가 눈물 훔치다 손뼉 치다
영락없는 스산 오일장 장돌뱅이 약장수 약 팔 때와 똑같다

관객 없는 프레임 속에서 열정을 다해 극시를 쓴다

어색한 동행

섬 이모할머니 초상집에
문상하고 점심을 먹고 나오니
내 새 구두가 없다 헤진
구두 한 켤레뿐이다
상주께 말하니
앞서간 손님이 바꿔 신고 갔을 거니
빨리 정류장으로 가보란다
아직 버스 시간이 멀었단다
잰걸음으로 정류장에 오니 내 신발이 짠! 보였다
조용히 상갓집에서 구두가 바뀌었는데
어르신하고 바뀌었네요 했고
다행히 군소리 없이 바꿔 신었다
같은 버스를 타고 섬에서 나오는 내내
모든 게 아주 생생한
어색한 동행이었다

일탈이 남긴 교훈

가만 생각해 보라 나라 구하는 일도 제자리만 지키면 할 수 있다

쓸데없이 자리 뜨지 말고
농부는 농사짓고
장사꾼은 장사하고
공무원은 공무를 보고
국회의원은 국회를 열고
국군은 국민을 지키면
대한민국은 저절로 지켜진다

하나만 이탈해도 구멍이나 도미노 현상이 나타나기 마련이다

만에 하나 전쟁이 나면
식량 생산은 농부가
물자 조달은 장사꾼이
나라 지키는 일은 국군이 해야지
군인이 농사짓고
공무원이 장사하면
망하는 길이지 살길입니까

12.3 내란 계엄선포는
축구선수가 축구만 잘해야지
야구까지 독식하려고 방망이 휘두른 격
헌법을 짓밟은 그날 밤에도
대다수 국민은 제자리를 지키고 있었다

시해설

자연의 순리를 따라 사는
순수 무구한 시 세계

이영춘 시인

> 봄은 거저 오는 게 아니다
> 혹독한 겨울을
> 지나고 나서
> 오는 것이다
> 이 세상에 거저 오는 것은 하나도 없다
> -천윤식「거저는 없다」중에서-

1. 농자천하지대본의 주인공

 천윤식 시인의 시를 읽으면서 문득 펄벅Pearl S. Buck의 『대지』가 연상되는 것은 무슨 연유였을까? 우선 80여 편의 시가 전부 '농사'에 관한 시였기 때문일 것이다. 너무나 궁금하여 일면식은 없지만 천윤식 시인에게 전화를 걸어 여쭤봤다. 아니나 다를까! 천윤식 시인은 현재 충남 서산시 지곡면 연화리에서 약 275년 조상 대대로 내려오는 땅을 지키고 농사를 지으며 사는 천씨 종가의 13대 손孫이란 것이다. 『대지』는 말한다. "맨손의 빈농에서 대지주까지 이른 왕룽에게 땅은 그 자신의 삶이자 운명 그 자체였다."라고. 천윤식 시인에게도 조상 대대로 내려 받은 그 농토와 농사는 "천윤식, 그 자체이다." 이렇게 큰 농부로 농사를 지으면서, 시를 지으면서 조상을 지키고, 땅을 지키며 사는 시인이 천윤식 시인이다.

 현대와 같이 과학 문명이 발달하고 기계문명이 돌아가는 이 대명 천지에 아직도 이런 분이 대지를 꿋꿋이지키고 있다는 것이 참으로 신비롭고 놀랍기만 하다. 그러므로 천윤식 시인의 시를 읽으면서 참 많은 것을 배우기도 하고 참 많이 행복했다.

 그의 시 80여 편은 요즘 같은 세상에도 이렇게 순수하고 순진무구한 사람이 있을까 하는 그 순수성 때문이다. 천윤식 시인은 농사를 지으면서 거기에서 터득한 지혜와 이치와 정서로 시를 창조하고 탄생시켜 내고 있다. 모든 예술은 정서에서 출발한다. 천윤식은 농사짓기와 자연에서 체험한 정서를 근간으로 하여 사소한 일에서부터 사물에 이르기까지 그 이치와 근본을 궁구하여 시를 창조하고 있다.

 천윤식 시인은 이번 시집의 첫 페이지 '시인의 말'에서 직설적으로 **"일손이 부족한 농촌"**이란 타이틀을 붙이고 있다. 시적 승화의 상징이나 은유적 비유를 피하고 사실적이고 직접적인 제목을 붙인 그 이유는 무엇일까? 오늘날 우리농촌의 피폐한 현실과 농사짓기의 어려움을 이 세상에 던지는 메시지라고 받아드려도 좋을 것 같다.

 실제로 필자와 가까운 친지 한 분도 3천여 평 되는 땅에 농사를 혼자 손으로 짓고 있다. 외국인 노동자라도 쓰지 그러느냐고 했더니 품삯을 주고 나면 하나도 남는 게 없다는 것이다. 이것이 오늘의 농촌 현실이다. 일할 사람이 없다. 일할 사람이 없는 땅은 놀고 있다. 이것을 어찌하랴? 이런 현실을 알고 있고 살고 있기 때문에 천윤식 시인은 상징적 제목이 아닌

이 제목은 일종의 고발적 성격을 띠고 있다. 그런데 이 제목을 누가 읽어야 할 것인가? 시인들로서는 해결책이 없다. 정치인들이 봐야 한다. 그러나 그들은 어떤가? 싸움질하기에 혈안이 돼 있지 않은가? 오호 통재라! 오호 애재라! 민족이여! 시인이여! 천윤식 시인은 시를 통하여 문제 제기를 천명하였다. 귀 밝은 자들은 천윤식 시인의 이 말에 귀를 열어야 한다.

시인의 사명은 이 세상에 그늘진 곳에서 어렵게 사는 사람들의 '어려움과 아픔'을 세상에 알리는 사람이다. 그러므로 이렇게 노골적인 호소에 귀 기울여야 한다. 대책을 세워 줘야 한다. 간절한 겨레의 사명이다.

농촌이 살아나야 나라와 민족이 살 수 있기 때문이다. 그러면 이제부터 천윤식 시인의 맑고 깨끗한

동심 같은 시 세계와 농사짓기의 어려움을 다룬 시를 중심으로 감상하면서 공감해 보자.

양배추를 심어놓고 사흘이 지났다

처음에는 잘 심어져서 보기에도 좋았는데
하루 이틀 지나 사흘이 되어
점점 땅속으로 기어들어가
폭염주의보가 지속하는 기후 탓인가 했더니
밭 만들 때 뿌리라는 뿌리 흑병약을
이식하는 날 물에 타서
주고 심어 약해가 난 것이다

아무리 좋은 약도 처방대로 사용해야지
잘못 복용하면 부작용 나는 법
농약도 마찬가지 PLS* 꼭 지켜야만 한다

평생 밥값 하고 살았다고 했는데 양배추 밭에서는 밥값도
못했다

* 농약안전사용법Positive List System의 약자

- 「밥값도 못했다」 전문

이 시는 배추농사에 대한 이야기다. '양배추'에게 잘못 약을 주어 "밥값도 못했다"는 아쉬움을 토로한 시다. 이렇게 농사짓기는 어렵다. 기후의 영향을 받는 것은 물론 약을 주고 김을 매어주는 시기와 양量도 알지 못하면 농사를 지을 수가 없다. 마치 농사짓는 일은 '아이 한 명 키워 내는 일'과 맞먹는 일이다. 천윤식 시인의 동심 같은 여린 마음. **"밥값도 못했다"**는 아픈 마음이 고스란히 전해온다. 또한 약 사용법을 잘못 알았다는 책임을 고스란히 자신에게로 돌리는 마음이 측은하기만 하다. 농민들의 애로의 심정을 토로한 다음의 시를 더 살펴보자.

먹고 사는 문제가 어제 오늘 생긴 일은 아니다//
"사흘 굶주리면 담구멍 안 파는 사람 없다"는 속담처럼 굶고 못 산다//
정부가 쌀값 관리하는 걸 보면/쌀이 중하긴 한 모양인데

흉년에 쌀값 뛰면/즉각 개입하다/풍년 들면 농사꾼 탓하는 정부//

한 끼 밥으로 먹는 밥값이/1인분 200g 쌀값이 약 600원 밥 한 공기 1,000원 정도 합니다//

커피 한 잔 값도 안 되는데/쌀값이 정말로 비싼가요?
- 「쌀값이 정말로 비싼가요」 전문

이 시는 다소 풍자諷刺적 성격을 띠고 있다. **"흉년에 쌀값 뛰면/즉각 개입하다/풍년 들면 농사꾼 탓하는 정부"**가 그것이다. 풍년이 들어 쌀값에 문제가 생기면 **"농사꾼을 탓 한다"**는 것이다.

탁상행정의 일면이 뇌리를 스치고 지나간다. 쌀값이 얼마나 떨어졌으면 **"1인분 200g 쌀값이 약 600원/밥 한 공기 1,000원 정도 합니다"** 정말 **"커피 한 잔 값도 안 되는데/쌀값이 정말로 비싼가요"**라는 반문은 반어적, 역설적 표현으로 농민들의 절규와도 같은 목소리다. 우리는 아니, 정부는 이 농민들의 목소리에 귀 기울여야 한다.

인간의 본분과 사리에 대하여 은근히 아니 직접적으로 잘 표현한 시가 있다. 은은한 미소와 함께

풍자적 성격을 띤 작품으로 시사성을 담고 있기도 하다. **「일탈이 남긴 교훈」**란 작품이 그것이다.

가만 생각해 보라 나라 구하는 일도 제자리만 지키면 할 수 있다

쓸데없이 자리 뜨지 말고/농부는 농사짓고

장사꾼은 장사하고/공무원은 공무를 보고
국회의원은 국회를 열고/국군은 국민을 지키면
대한민국은 저절로 지켜진다

하나만 이탈해도 구멍이나 도미노 현상이 나타나기 마련
이다

만에 하나 전쟁이 나면/식량 생산은 농부가
물자 조달은 장사꾼이/나라 지키는 일은 국군이 해야지
군인이 농사짓고/공무원이 장사하면/망하는 길이지 살길
입니까

12.3 내란 계엄선포는/축구선수가 축구만 잘 해야지
야구까지 독식하려고 방망이 휘두른 격
헌법을 짓밟은 그날 밤에도
대다수 국민은 제자리를 지키고 있었다
  　　　　　　　　　　　　　- 「일탈이 남긴 교훈」 전문

　천윤식 시인의 이 시는 제목에서 암시하는 대로 시사성을 담고 있다. **"12.3 내란 계엄선포/축구선수가 축구만 잘 해야지/야구까지 독식하려고 방망이 휘두른 격"**이란 표현이 그것이다. 이 시는 고도한 상징이나 메타포 없이 있는 그대로, 사실 그대로를 쓰고 있지만 많은 의미를 함의하고 있다. 모든 사람들이 제 자리에서 제 할 일만 꿋꿋이 하면 된다는 뜻이다. 참으로 맞는 말이다. 공무원은 공무원답게, 정치인은 정치인답게, 농부는 농부답게 꿋꿋이 제자리에서 제 임무를 다

하면 된다는 것이다. 모두 사람들이 제자리의 직분에서 벗어났을 때 문제가 생긴다는 것이다. 날카로운 칼날이 아닌 무딘 망치 같은 언술로 정곡을 찌르는 시다. 그래서 필자는 순간순간 천윤식이란 시인의 모습을 그려보면서 은근히 미소를 머금기도 한다. 말없이 훈장 같은 인상의 시를 쓰는 시인으로 그 모습이 다가오기 때문이다.

"만에 하나 전쟁이 나면/식량 생산은 농부가/물자 조달은 장사꾼이/나라 지키는 일은 국군이 해야지/군인이 농사짓고/공무원이 장사하면/망하는 길이지 살길입니까" 같은 언술이 그것이다.

국민 누구나가 제 자리에서 제 역할만 잘 하고 잘 지킨다면 나라는 평온해 진다는 진리 같은 언술을 펼치고 있는 것이다. 은은한 가운데 진리를 담은 언술은 비록 고도한 상징적 표현은 아니더라도 많은 교훈성을 띠고 있어 귀감이 되고도 남는다.

2. 농사꾼의 애로

현대가 아무리 산업화가 되고 문명사회가 되었다고 해도 우리가 먹고 사는 문제는 영원하다. 그 영원한 양식은 곡물이다. 이 곡물은 어쩔 수 없이 농부들의 땀과 노동력으로 생산된다. 과학문명으로 기계가 노동력을 돕고 AI가 돕는다고 하는 시대이지만 농민들은 여전히 힘들다. 게다가 농사라는 것은 기후변화와 일기와도 직접적인 관계가 있기 때문에 '성실한 노력'만으로는 안 되는 것이 농사다. 그런 애로사항이 잘 나타난 시를 감상해 보자.

할아버지가 나를 앉혀놓고 지난날 배추 팔러 갔던 이야기를 해주셨다

	김장이 모처럼 풍년들어 김장하기는 많아서 시장에다 팔기로 했단다
	연화산 신곡神哭재 지나 오사리 열두 줌 방을 넘어 장터까지 족히 30리길
	지게를 받힌 지 반나절 지나 해는 중천인데 배추 한 포기 못 팔고 주점 집 안주인에게 사정하여 대포 한 잔 얻어 마시고 배추 열 포기를 내려줬다

	집으로 되돌아오는 길 연화산 마루에 올라 지게를 받혀놓고 배춧잎 한 장 뜯어
	먹으면서 내려다본 마을 저녁연기 모락모락 피어오르고 있었다

				-「할아버지의 염려」 부분

 담담한 진술 속에 농부였던 할아버지의 애환이 밀물처럼 번져온다. 힘들게 지은 농사, 그 배추를 **"한 포기 도 못 팔고/주점 집 안주인에게 사정하여 대포 한 잔 얻어 마시고 배추 열 포기를 내려줬다"**고 고백한다. 천윤식 시인이 어렸을 때 할아버지로부터 들었던 이야기를 옛날이야기 하듯 담담히 풀어놓고 있다. 그러나 그 이면에 흐르는 농사꾼들의 애환은 빗물처럼 아프게 흐른다. 올해도 연일 35-6도 이상을 오르내리는 뜨거운 날씨로 각종 농작물과 바다어장의 물고기들이 다 떼죽음을 당하고 농작물들은 목말라 다 죽어서 수확 할

것이 없다는 보도가 연일 뉴스를 타고 올라왔다. 그 뉴스 뒤에는 농작물 같은 농어민들의 검은 얼굴이 그림자처럼 일렁인다. 그러나 농사를 장려하고 권장하는 관계부처의 나리들 얼굴은 한 번도 보이지 않았다. (필자가 못 봤는지도 모르지만---). 그리고 '**시를 독백이고 암시**'라고 할 때 천윤식 시인의 이 작품 「**할아버지의 염려**」는 독자에게 많은 의미를 던지는 여백과 여운이 가슴을 울리는 좋은 작품이다.

이랴, 저 저 소몰이 소리는 트롯 가사였다//
80년대 경운기 소리 디스코 리듬처럼 빠르게 지나갔다//
육중한 트랙터 소음 소프라노 조수미가 부르는 오페라 아리아같이 들린다//
6월22일 더 매직 조수미&위너스 클래식 공연장 롯데콘서트홀 못 간다//

속내야 제각각 끝끝내 지게를 못 벗는 순진한 사람들!

- 「농부」 전문

"**이랴, 저 저 소몰이 소리는 트롯 가사였다**"란다. 기발한 발상이다. 농부들의 "이랴"소리를 요즘 유행하는 트롯 가사로 비약 환유한 상상력의 발상이다. 그렇다. "**이랴,**" 소리는 우리 민족의 민족정신을 상징하는 소리로 이 시는 마치 우리 사회의 변천사를 노래에 비유한 듯하다. 그 소리는 다시 현대에 이르러 화자는 "**오페라 아리아 같이 들린다**" 그런데 어느 날 "더 매직 조수미&위너스 클래식 공연장 롯데콘서트홀 못 간다" 그 이유는 "**속내야 제각각 끝끝내 지게를 못 벗는 순진한 사람들**"이기 때문이다. 이렇게 농부들의 바쁜 일상을 암시한다. 참 유머러스하고 순수한 고백 같은 시다. 아울러 은근히 미소를 머금게 하는 작품이기도 하다. 왜냐하면 순진무구하기만 한 이 발상 속에 농민들의 바쁜 일상이 암시되고 있기 때문이다.

> 농사 잘 짓는 법은 별것 아니다
> 돌려짓기만 잘 해도 농사 반은 거저먹는 셈이다
>
> 연작(連作) 장애 피해를 알면서
> 눈앞에 보이는 영리를 쫓다가
> 노랑 병* 발생한 생강 밭
> 때늦은 후회뿐입니다
>
> 욕심 버리는 지혜만 있다면
> 슬금슬금 파고든 노랑병들
> 돌려짓기 농법으로 다스려야 제격이다
>
> * 생강잎이 노랗게 변해가는 뿌리썩음병의 총칭
>
> ―「윤작輪作」부분

「윤작輪作」은 같은 땅에 여러 가지 농작물을 해마다 바꾸어 가며 심는 것을 뜻하는 말이다. 화자persona는 말한다. "돌려짓기만 잘 해도 농사 반은 거저먹는 셈이다"라는 시행에서 '윤작'의 뜻이 암시된다. 그런데 화자는 그 방법을 알면서도 **"눈앞에 보이는 영리를 쫓다가/노랑 병*발생한 생강 밭/때늦은 후회뿐입니다"**라고 술회한다. 그러므로 이 시는 교훈성이 강하다. **"욕심 버리는 지혜만 있다면"**이라는 덕목이 그것이다. 참으로 맞는 말이다. 우리네 삶의 대부분의 파탄은 과한 '욕심'에서 비롯된다. 하나를 가지면 둘을 가지려 하고 셋을 가지려 하기 때문이다. 농사를 짓는 이야기이지만 우리 인간들의 속성이 잘 나타난 시다. 권력을 쫓는 이들은 말할 것도 없고 부富를 축적하는 이들도 그렇지 않는가?

천윤식 시인은 농사를 짓다가 잘못 되었어도 누구를 원망하거나 탓하는 일이 없다. 언젠가 TV에서 본 장면이 떠오른다. 정부에서 무슨 씨앗을 장려했거나 영농법을 권장 받은 작물들이 다 망해서 땅을 치고 우는 농민들이 정부를 원망하는 것을 본 적이 있다. 그런데 천윤식 시인은 어느 누구를 원망하거나 탓하는 내용의 시가 한 편도 없다. 모든 일들을 다 순리대로 혹은 천재지변으로 받아들이고 있다는 점이다.

이런 일면만 보아도 천윤식 시인의 성정이 얼마나 착하고 순수하다는 것을 짐작할 수 있다.

3.사직지신 같은 어머니

다 아는 바와 같이 곡물의 신을 '사직지신社稷之神'이라고 한다. 천윤식 시인은 어머니와 관계된 농사짓기의 서사를 형상화 한 작품이 많다. 어머니란 말은 인류보편적인 위대한 성격을 띠고 있다. 게다가 농사를 짓는 어머니는 더욱 위대하다. 모국이니, 모국어란 단어가 다 '어머니'란 말에서 유래되었지만 곡물을 장려하는 어머니는 더더욱 위대하다. 천윤식 시인은 이 위대한 어머니와 농사짓기를 연관하여 쓴 시가 매우 많다.

「**쌀에 대한 소고**」를 위시하여,「**감자 심던 날**」,「**어머니 꽃밭**」,「**양파 꽁다리**」,「**이삭 캐기와 어머니의 웃음**」,「**어머니 속내**」,「**시집살이**」등이다. '농사'에 대한 어머니의 간절한 소원이 승화된 시부터 살펴보자.

>정월 열나흗날 저녁
>쌀밥을 지어 감태 주먹밥 만들어
>안방 문 위에 걸린 복조리에 넣으면서
>마지기당 양 석만 먹게 해달라고
>치성드리시던 어머니
>
>장리쌀이 무서워
>벼 이삭 하나라도 주워 모으느라
>쥐구멍을 다 파내 이삭을 줍던
>배고픔 벗어나려고
>간척지를 막아야 했다
>
>　　　　　　　　　　-「쌀에 대한 소고」부분

>모두가 허리 굽혀
>드러누울 때
>혼자 빳빳하게

서 있는 이가 있다

가만 보니 잉태를 한 것이었다

엄마는 자식 위해
빳빳하게 서 있는 일쯤은
힘든 줄 모르고 해낸다

- 「양파 꽁다리」 전문

 이 두 편의 시는 모두 어머니를 통한 농사에 대한 간절한 소원이다. 근간까지도 정월 대보름이면 민간
 풍속으로 복조리를 돌리거나 한밤중 문고리에 걸어놓고 가는 복음자들 혹은 그런 단체가 있었다. 시대가 아무리 변했다 할지라도 남의 복을 빌어주는 아름다운 미풍양속이다. 이와 같이 「쌀에 대한 소고」에서는 어머니가 **"정월 열나흗날 저녁/쌀밥을 지어 감태 주먹밥 만들어/안방 문 위에 걸린 복조리에 넣으면서/마지기당 양 석만 먹게 해 달라고/치성 드리시던 어머니"** 이다. 곡물에 대한 어머니의 간절한 소원이 눈물겹도록 북받친다. 특히 2연에서는 남에게서 꿔다 먹는 **"장리쌀이 무서워"** 라고 한 진술에서는 예전 우리 농촌어머니들의 한숨 같은 숨결이 고스란히 느껴져 전율로 다가온다. 가난한 서민들의 한 단면이이기 때문이다.
 또한 「양파 꽁다리」도 어머니를 은유한 메타포다. 어머니가 하도 일을 많이 하셔서 **"양파 꽁다리"** 처럼
 꼿꼿해졌다는 것이다. 그렇게 빳빳하게 꽁다리가 된 원인은 모두 **"자식 위해"** 서 그리 된 것이다.

어머니들의 절대적 사랑을 나타낸 시로 천윤식 시인의 어머니에 대한 애틋한 마음은 끝이 없다.

> 가을 김장을 심어놓은 지 보름 지났다/어머니는 이웃집 김장밭을 보고 오신 후
> 비교되는 배추를 바라보다/활착이 더디다 싶어 요소비료를
> 배추포기마다 한주먹 듬뿍 주었다/"많이 먹고 빨리 커야 애들 김장해 주지"
>
> 다음날이 되자 생생하던 배추는/소금에 절인 푸성귀처럼 시들시들
> 어제 웃거름을 준 비료가 문제였다/아무리 좋은 음식도 과하면 배탈난다
> 김장용 배추로는 가치를 상실했다
>
> 그 젊은 내 어머니는 말했다고 한다/내 생각만 하고 너무 욕심부린 겨
>   -「어머니도 젊었을 때가 있었다」 전문

이 시에서는 두 가지의 의미를 내포하고 있다. 첫째는 인간의 욕심을 경계해야 한다는 뜻이다. 또 하나는 영농법의 정확한 데이터 없이 농사를 지어오던 풍습이다. 우리가 살면서 관습에 의하여 짐작으로 양量과 무게를 재는 경우가 많지 않은가. 이 시의 '어머니'도 그렇게 하였다는 사실이 화자에 의하여 적나라하게 표출되고 있다. **"이웃집 김장밭을 보고 오신**

후/비교되는 배추를 바라보다/요소비료를/배추포기마다 한 주먹 듬뿍 주었다"는 것이다. 그러나 이 시가 시로서의 가치를 지닌 것은 끝 연에서 어머니의 어투를 빌어 쓴 시행이다. **"내 생각만 하고 너무 욕심 부린 겨"** 라면서 반성의 의미를 제시한다.

인간미 넘치는 아니, 순진한 농촌 우리 어머니들의 모습이 어둔 하늘에 불빛처럼 환하다. 어머니와 연관된 시를 더 감상하면서 천윤식 시인의 그 순수성을 교감해 보자.

볕 좋은 날이면 빨랫줄에 옷을 넌다

아기 옷에서는 젖내 나고
아버지 옷에서는 땀내 나지만
어머니 옷에서는 시집살이 찌든 내가 난다

빨랫줄에 널어 말리는 동안
젖내나 땀내는 바람이 데려가는데
어머니 시집살이는 그대로
빨랫줄에 걸려 있었다

-「시집살이」 전문

「시집살이」는 한 폭의 소묘처럼 시각적 이미지가 독자를 유쾌하게 만든다. **"아기 옷에서는 젖내 나고/아버지 옷에서는 땀내 나지만/어머니 옷에서는 시집살이 찌든 내가 난다"** 고 역설力說한다. 그러나 **"빨랫줄에 널어 말리는 동안/젖내나 땀내는 바람이 데려가는데/어머니 시집살이는 그대로/빨래**

줄에 걸려 있었다"는 표현은 어머니의 삶의 노고가 그만큼 힘들다는 비유로 천윤식 시인만의 독창적 발상과 표현이 돋보인다. 이상적으로 발화 승화된 이미지가 더없이 아름다움을 시적 경지를 이뤄낸 시다.

「어머니 꽃밭」은 "구순 넘은 노모"가 꽃밭을 가꾸는 모습을 보고 마치 한 편의 동화의 세계를 그려내듯 노모의 모습을 형상화 하고 있다. "봄볕 내려앉은 담장 밑 꽃밭에서//마실 길에 동네 친구 할멈들한테/

얻어다 심은 꽃밭 잡초를 뽑는 어머니"가 혼자 중얼거리듯 작자는 어머니의 말을 형상화 한다.

"할미꽃은 골말 순이 엄마/수선화는 연화골 사돈어른/분꽃은 아랫말 동갑내기" 꽃이라고 호명하며 꽃을 가꾸던 어머니를 회상한다. 아니, 그런 어머니를 작자 천윤식 시인은 그리워하는 것이다. 그 그리움이 "해마다 어머니 꽃밭에서 피어난다"는 발상의 표현으로 순수하면서도 아름다운 성정의 시다.

「감자 심던 날」이란 시에서도 농사짓는 일의 어려움과 함께 어머니에 대한 그리움의 정서가 강물처럼 넘치는 작품이다.

> 옛날부터 구황작물이던 감자
> 풋 감자 캐시던 어머니 생각나 눈가가
> 촉촉해진다 (중략)
> 심으면 손해나는 감자 농사를
> 또 짓는 이유는
> 누군가에겐 굶주린 배를 채워줄 구황 같은 존재
> 약삭빠르게 이문만 바란다면 삭막해서 살겠나

농부들은 늘 그렇게 살아왔다
-「감자 심던 날」부분

 현대에 이르러서는 '감자'가 특별한 별미로 대접을 받기도 한다. 그러나 가난하던 시절에는 가장 흔했던 것이 감자와 옥수수였다. 그런 연유로 흔히 '감자'를 구황작물이라 한다. 구황작물이란 흉년이나 가뭄 따위로 기근이 심할 때 주식물 대신 먹을 수 있는 농작물을 뜻하는 작물이다. 이 시에서 화자는「감자 심던 날」어머니가 생각난 것이다. 어머니 생각과 함께 농사짓기의 어려움을 토로하고 있다. **"심으면 손해나는 감자 농사를/또 짓는 이유는/ 누군가에게 굶주린 배를 채워 줄 구황 같은 존재"**이기 때문에 손해를 보면서도 감자를 심는다는 것이다. **"약삭빠르게 이문만 바란다면 삭막해서 살겠나?"**에서 나타나듯 남을 배려하는 화자의 마음과 인간미가 넘치는 대목이다. 또한 **"농부들은 늘 그렇게 살아왔다"**에서는 체념하듯 농부들의 어려움이 암시되기도 한다.
 이 밖에도 농부들의 농사짓기의 어려움에 대해 쓴 시는 부지기수다.「피논이 주신 말씀」,「피를 생각한다」,「천수만 간척지」,「아버지의 삽 농사」,「단기 계약직」, 등 농촌의 현실과 농민들의 애로 사항에 우리는 귀를 기울여야 할 것이다.

4. 긍정의 힘

 농민들과 농사짓기의 어려운 사정은 천윤식의 이번 시집의 작품 곳곳에서 도출되고 있다. 그러나 천윤식 시인은 그것을 불평불만 하지 않고 모든 인생살이가 그러하듯 자연의 이치와 순리로 담담히 받아드리는 자세다. 어쩌면 농사를 지으면서 자연에서 배운 자연의 섭리라고 여기는 것은 아닐까? 아니면 천윤식 시인의 타고난 어진 성품에서 인식되고 발화되는 것인 지도 모른다. 이런 어진 성품과 함께 천윤식 시인이 쓰고자 하는 혹은 자연과 더불어 농사를 지으면서 배운 지혜를 알리고자 하는 것이 「**긍정의 힘**」으로 사는 그의 삶의 철학이다.

> 빨랫줄에 걸린 수건의 하루는 행복합니다
> 보송보송 말리는 동안 부드러워지기 위해 최선을 다한다
>
> 대개는 마른 몸으로 사는데/더러는 촉촉함이 필요할 때도 있어
> 그런 땐 임기응변으로 물에 적시면/물수건으로 금방 변해
> 상대를 치유해 주는 만큼/내게로 옮겨오는 폐해를 감당하며
> 땀도 닦아주고/눈물, 콧물 닦아주며/아무 불평불만 없이
> 궂은일 다하는 수건이야말로/긍정의 힘을 지닌 수호천사다
>   -「긍정의 힘」전문

이 작품에서도 천윤식 시인의 순수 무구無垢한 그 성정이 잘 드러나고 있다. 일상적으로 쓰는 수건을 **"수호천사"**라니! 천윤식 시인은 사소한 사물에 대해서도 남다른 애정을 갖고 있기 때문일 것이다. 또한 중요한 인식은 그런 사소한 것에 대

하여 깊은 의미를 부여하는 그 마음의 눈, 그것이 바로 시인의 눈이다. 그러므로 천윤식 시인은 천상 시인이다. 특히 3연에서는 "긍정의 힘"이 고스란히 의인화 되고 있다. **"상대를 치유해 주는 만큼/내게(수건)로 오는 피해를 감당하며/맘도 닦아주고/눈물,콧물 닦아주며" 불평불만 없이" "궂은일"**을 다 수용하는 '수건'이 **"수호천사"**란 것이다. 이렇게 사소한 무 생명체에게 생명을 불어넣어 의인화 한 작품으로 새로운 **"긍정의 힘"**을 발견해 낸다. 우리 인간들이 모두 이 시처럼 상대에 대하여, 사물과 사건에 대하여 **"긍정의 힘"** 의 눈으로 바라보고 이해한다면 이 세상은 한결 더 밝고 평화로워 질 것이다.

'긍전의 힘'을 나타낸「허물」이란 작품은 또 어떤 '긍정의 힘'일까를 감상하고 배워 보자.

세상에 허물없는 게 없다

허물은 쌓이면 싸일수록
벗기기 힘들어져
그때그때 벗기는 게 좋다

혼자서는 잘 벗겨지지 않는 게 허물이다

감자 허물 벗길 때 감자와 감자끼리 비비듯
사람의 허물 역시
맘과 맘을 비벼 벗겨야
내면에 있는 허물까지 벗길 수 있는 법
허물은 감추지 말고 벗겨내는 게 좋다

세상에 허물없는 게 없다

-「허물」전문

 참 진리 같은 시다. 세상살이가 이렇게 서로의 '허물'을 너그럽게 이해하고 감싸주며 산다면 얼마나 좋을까? 서로의 눈에 가시 돋치듯 상대의 '허물'을 캐려고만 하는 것이 인간들의 심리가 아닌가?
 작자의 표현대로 **"감자 허물벗길 때 감자와 감자끼리 비비듯/사람과 사람끼리 생긴 허물/맘과 맘을 비벼야!/내면에 있는 허물까지 벗길 수 있는 법이다"**라고 역설한다. 서로 마음까지 열어놓고 서로 교감하면서 살아야 된다는 뜻으로 인식된다.
 「10월」이란 작품에서는 또 어떤 '긍정의 힘'이 발현되는가를 감상해 보자.

내 것이 아니어도/들에는 황금물결/산에는 울긋불긋
지천으로 널려 있는 풍요로움/바라만 봐도 넉넉한 10월

풍요로움 그 자체/주렁주렁 매단 감나무처럼
휘어진 가지만큼 결실을 거두어/한 해 동안 일한 대가를 받는 10월

단풍잎 하나 둘 떨어지는 감나무 아래서/10월의 행복을 맘껏 누려본다

-「10월」전문

천윤식 시인의 욕심 없는 무구한 마음이 그대로 반영된 시다. "내 것이 아니어도" "바라만 봐도 넉넉한 10월"이란다. 더없이 욕심 없는 깨끗한 성정이다. 농사와 더불어 자연의 이치에 동화된 까닭일까? 이렇게 더없이 욕심 없이 깨끗한 마음으로 자연과 동화되고 시와 동화되어 사는 천윤식 시인은 요즘 같은 세상에 보기 드문 인성의 시인이다.

「늙은 호박」이란 시에서도 그의 순결한 천성이 더욱 극명하게 나타난다.

"야무지게 영근 너를 바라보면 예쁘다//두루뭉술한 생김새//뭐 예쁘냐고//옹골차게 익어봐라//살찐 앙가슴 넉넉하여 봐라//온 세상이 환해질 거다//마음도 넉넉해질 거다//늙었다 괄시하지 마라//늙어 사랑받는 건//늙은 호박뿐이더라?//나도 늙으면 호박처럼//사랑받고 싶다"(「늙은 호박」전문) 면서 '늙은 호박'을 찬양하듯 표현한다. 그리고 핵심이 되는 테마는 "나도 늙으면 호박처럼 사랑받고 싶다"는 것이다. 보잘것 없는 늙은 호박에게도 생명과 존재 의식을 부여하여 그 호박에 자신을 비유하고 있는 '긍정의 힘'이다. 이것이 바로 천윤식 시인이 사물과 인간을 동일시 기법으로 의인화 하여 서술해 내는 탁월한 시의 창조다.

5. 아름다운 인생의 역작

천윤식 시인의 순수 무구한 성정은 이번 시집의 작품마다에서 잘 형상화 되고 있다.
 "글은 곧 그 사람이다."라는 프랑스 박물학자이며 철학자인 뷔퐁의 말에 전적으로 공감하지 않을 수 없다. 동심 같은 순진무구한 천윤식의 시는 순수 그 자체이다. 어려운 농사일에도 불평불만 한 마디 없이 순순히 그리고 꿋꿋이 순리인 양 받아들인다. 그 순수함이 잘 형상화 된 시 한 편을 더 감상하면서 그의 시심에 동화되어 보자.

> 어느 날 동네에 사는 어른이
> '돌아가셨다'라고 해서 막걸리 한 잔 드시러
> 주막집 모퉁이를 빙 돌아간 줄로만 알았다
>
> 추수가 끝난 빈들에 황망한 바람이 불더니
> 간밤에 하얀 눈이 발목을 덮을 만큼 쌓였어도
> 아직까지 돌아오지 않으신다
> 봄이 왔건만
> 한 번 돌아간 이들은 영영 돌아오지 않는다"
> 　　　　　　　　　　　　　　　　－「돌아가시다」 부분

 재미있기도 하고 유머러스한 이 시는 어린 시절을 회상하여 쓴 시로 유추된다.
 '돌아가셨다'라고 해서 막걸리 한 잔 드시러/주막집 모퉁이를 빙 돌아간 줄로만 알았다"가 그것이다.
 그러나 그 다음 시행에서부터 쓸쓸하고 황망한 서사가 전개된다. **"추수가 끝난 빈들에 황망한 바람이**

불고" 하얀 눈이 발목을 덮을 만큼 쌓였어도 아직까지 돌아오지 않으신다/봄이 왔건만/영영 돌아오지 않는다" 고 "돌아가시다"의 의미를 상승, 비약시켜 시적 분위기와 시적 승화의 절정을 이뤄낸다.

참으로 흥미로운 시의 발상과 시상 전개가 놀랍기만 하다.

이런 재치 있는 시가 있는가 하면 문득문득 농사짓기의 어려움과 허망함이 쓸쓸하게 다가오는 시편들은 독자의 마음을 아프게 훑기도 한다.

일하며 살다 보면 어떻게든 살아지더라고요/등에 짊어진 게 약속인 것을 그제야 알겠더라고요

손아귀가 풀리면서 뭔가를 놓치고 있을 때/힘을 꼭 주라며 누군가가 말하고

햇살이 사방을 말리는 오후/그 자리에 붙박이로 남아/하루를 기다리고 있더군요

- 「환승」부분

갯벌 밭이 논으로 변해/황금물결 일렁일 때는/하늘이 감복한 줄 알았는데/

WTO 체결로 개방되자/장사치들은 앞 다투어 대문을 열어/쌀 수입하는 바람에/

귀한 몸이 아니라/오히려 지청구 신세가 되었다//아이러니하게도 아직 쌀은 주식이다

- 「쌀에 대한 소고」부분

「참회록」이란 시에서는 더욱 애잔함이 스며온다. **"장마에 애호박이 둥둥 떠내려가는 상상을…,/그런 나는 저녁노을 바라보며/막걸리 한 잔을 기울이는/무개념으로 서 있는 들녘 허수아비로 산다"**로 작자 자신을 "허수아비"로 비하하고 있다. 천윤식 시인은 결코 **"허수아비"**가 아니다.

몇 대를 이어 농촌과 농토와 이 대지를 지키며, 농사를 천직으로 알고 살아가는 서산 벌의 왕릉이다.

작자 천윤식 자신의 말대로 **"인생이란/서산에 걸린 저녁노을처럼/붉게 물들어 열정을 다하는 것이다"**

(「**인생**」)이라는 좌우명과 같이 더욱 꿋꿋이 더욱 아름다운 인생을 지어가시기를 빌면서 융숭하면서도 옹골찬 이번 시집의 발간을 축하드린다.

시현실 시인선 026

너도 웃는 걸 보니 꽃이로구나

초판 발행 | 2025년 10월 30일

지은이 | 천윤식
발행인 | 원탁희
발행처 | 도서출판 예맥
책임편집 | 유현민
등록번호 | 서울 바 02915
등록일 | 1999년 8월 21일

주소 07581 서울특별시 강서구 강서로 68길 36 상가 206호
전화 02·2658·6465
전자우편 ymbook@naver.com

ⓒ 천윤식 2025
ISBN   978-89-91411-76-0 03810

* 이 책은 2025년 충남문화관광재단 문화예술창작지원금을 지원받아 발간되었습니다
* 이 책 내용의 전부 또는 일부를 재사용하려면 반드시 저작권자와 도서출판 예맥 양측의 동의를 받아야 합니다
* 책값은 뒤표지에 표시되어 있습니다